MÁQUINAS PODEROSAS

LOS CAMIONES GRANDES

por Wendy Strobel Dieker

AMICUS | AMICUS INK

tractor

luces

Busca estas palabras e imágenes conforme lees el texto.

remolque

espejos

¡Honk, honk! Un camión grande ruge por ahí. ¿Qué puede hacer?

El camión grande llega lejos. Transporta las cosas que compramos. Lleva el pan a las tiendas.

¿Ves el tractor? Tiene un motor grande. Tira de un remolque grande.

tractor

¿Ves los espejos?

Los conductores usan los espejos.

Para poder ver a otros autos.

espejos

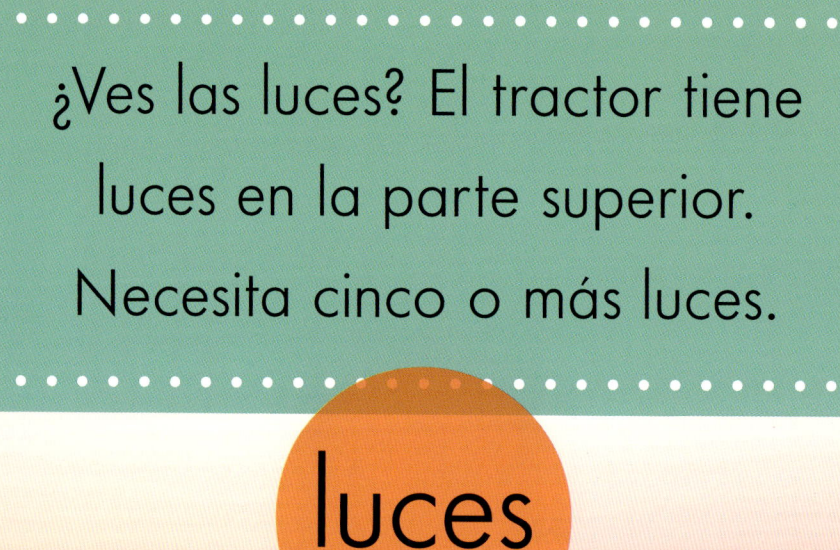

¿Ves las luces? El tractor tiene luces en la parte superior. Necesita cinco o más luces.

luces

¿Ves el remolque? Un remolque de camioneta tiene puertas. La carga va adentro.

remolque

tractor 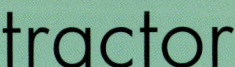   luces

¿Lo encontraste?

remolque   espejos

Spot es una publicación Amicus y Amicus Ink
P.O. Box 1329, Mankato, MN 56002
www.amicuspublishing.us

Copyright © 2019 Amicus.
Todos los derechos reservados. Prohibida la reproducción, almacenamiento en base de datos o transmisión por cualquier método o formato electrónico, mecánico o fotostático, de grabación o de cualquier otro tipo sin el permiso por escrito de la editorial.

Información del catálogo de publicaciones de la biblioteca del congreso
Names: Dieker, Wendy Strobel, author.
Title: Los camiones grandes / by Wendy Strobel Dieker.
Other titles: Big rigs. Spanish.
Description: Mankato, Minnesota : Amicus, [2019] | Series: Spot. Máquinas poderosas | Includes bibliographical references and index. | Audience: Grades K to 3.
Identifiers: LCCN 2018002375 | ISBN 9781681516042 (library binding : alk. paper)
Subjects: LCSH: Tractor trailer combinations–Juvenile literature. | Truck trailers–Juvenile literature.
Classification: LCC TL230.15 .D5418 2019 | DDC 629.224–dc23
LC record available at https://lccn.loc.gov/2018002375

Impreso en China

HC 10 9 8 7 6 5 4 3 2 1

A mis favoritos conductores de máquinas poderosas, Big Jerr y Smoke 'em Joe — WSD

Rebecca Glaser, editora
Deb Miner, diseñador de la serie
Veronica Scott, diseñador de libro
Holly Young, investigación fotográfica

Créditos de Imágenes: Age Fotostock/ Jetta Productions / Blend Images, 4–5; Chris Clor/Blend Images, 14–15; Getty Images/Jetta Productions, 10–11; iStock/ Blondsteve, cubierta, 16, ryasick, 1, tonda, 6–7, kozmoat98, 8–9, 1001akarca, 12–13; Shutterstock/Gilles Lougassi, 3

LOS GRANDES CAMIONES